xue xiao - escola 2
lü xing - viagem 5
jiao tong yun shu - transporte 8
cheng shi - cidade 10
di xing - paisagem 14
can guan - restaurante 17
chao shi - supermercado 20
yin liao - bebidas 22
shi wu - comida 23
nong chang - fazenda 27
fang zi - casa 31
ke ting - sala de estar 33
chu fang - cozinha 35
yu shi - banheiro 38
er tong fang - quarto de criança 42
yi fu - vestuário 44
ban gong shi - escritório 49
jing ji - economia 51
zhi ye - profissões 53
gong ju - ferramentas 56
yue qi - instrumentos musicais 57
dong wu yuan - zoológico 59
ti yu - esportes 62
huo dong - atividades 63
jia - família 67
shen ti - corpo 68
yi yuan - hospital 72
jin ji qing kuang - emergência 76
di qiu - Terra 77
zhong biao - relógio 79
zhou - semana 80
nian - ano 81
xing zhuang - formas 83
yan se - cores 84
fan yi ci - opostos 85
shu zi - números 88
yu yan - idiomas 90
shei / shen me / zen yang - quem / o quê / como 91
fang wei - onde 92

Impressum
Verlag: BABADADA GmbH, Nedderfeld 112 , 22529 Hamburg
Geschäftsführer / Verlagsleitung: Harald Hof
Druck: Books on Demand GmbH, In de Tarpen 42, 22848 Norderstedt

Imprint
Publisher: BABADADA GmbH, Nedderfeld 112 , 22529 Hamburg, Germany
Managing Director / Publishing direction: Harald Hof
Print: Books on Demand GmbH, In de Tarpen 42, 22848 Norderstedt, Germany

chu
dividir

186/2

hei ban
quadro

jiao shi
sala de aulas

xiao yuan
pátio da escola

lao shi
professor

zhi
papel

shu xie
escrever

gang bi
caneta

ban gong zhuo
escrivaninha

zhi chi
régua

shu
livro

xue sheng
aluno

shu bao

sacola

qian bi he

estojo de lápis

qian bi

lápis

juan bi dao

apontador de lápis

xiang pi ca

borracha

hua ban

bloco de desenho

tu hua

desenho

hua bi

pincel

yan liao he

estojo de tintas

jian dao

tesoura

jiao shui

cola

lian xi ce

livro de exercícios

jia ting zuo ye

lição de casa

12

shu zi

número

2+2

jia

somar

5-2

jian

subtrair

2×2

cheng

multiplicar

ji suan

calcular

A

zi mu

letra

ABCDEFG HIJKLMN OPQRSTU VWXYZ

zi mu biao

alfabeto

hello

zi

palavra

ke wen

texto

du

ler

fen bi

giz

shang ke

hora

deng ji

registro da classe

kao shi

exame

zheng shu

certificado

xiao fu

uniforme escolar

jiao yu

educação

bai ke quan shu

enciclopédia

da xue

universidade

xian wei jing

microscópio

di tu

mapa

fei zhi kuang

cesto de lixo

xue xiao - escola

jiu dian
hotel

qing nian lü xing she
albergue

wai bi dui huan chu
casa de câmbio

shou ti xiang
mala

qi che
carro

yu yan
idioma

shi/fou
sim / não

hao de
ok

nin hao
Olá

fan yi yuan
tradutor

xie xie
obrigado

......duo shao qian?

quanto custa...?

wo bu ming bai

eu não entendo

wen ti

problema

wan shang hao!

boa noite!

zao shang hao!

Bom dia!

wan an!

Boa noite!

zai jian

até logo

fang xiang

direção

xing li

bagagem

bao

bolsa

shuang jian bao

mochila

ke ren

convidado

fang jian

quarto

shui dai

saco de dormir

zhang peng

barraca

lü you xin xi

informação turística

hai tan

praia

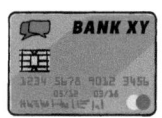

xin yong ka

cartão de crédito

zao can

café da manhã

wu can

almoço

wan can

jantar

piao

bilhete

dian ti

elevador

you piao

selo

bian jie

fronteira

hai guan

alfândega

da shi guan

embaixada

qian zheng

visto

hu zhao

passaporte

fei ji
avião

chuan
navio

xiao fang che
carro de bombeiros

gong jiao ch
ônibus

ka che
caminhão

qi ting
barco a motor

zi xing che
bicicleta

qi che
carro

bai du chuan

balsa

xiao chuan

barco

mo tuo che

motocicleta

jing che

veículo policial

sai che

carro de corrida

zu che

carro de aluguel

pin che

compartilhamento de
automóvel

tuo che

caminhão de reboque

la ji che

caminhão de lixo

fa dong ji

motor

qi you

combustível

jia you zhan

posto de gasolina

jiao tong biao zhi

placa de trânsito

jiao tong

trânsito

jiao tong du sai

trânsito lento

ting che chang

estacionamento

huo che zhan

estação de trem

gui dao

trilhos

huo che

trem

dian che

bonde

huo che

vagão

zhi sheng ji

helicóptero

ji chang

aeroporto

ta

torre

cheng ke

passageiro

ji zhuang xiang

contêiner

zhi ban xiang

cartolina

shou tui che

carroça

lan zi

cesto

qi fei/jiang luo

decolar / pousar

cheng shi

cidade

cun zhuang

vilarejo

shi zhong xin

centro da cidade

fang zi

casa

dian ying yuan
cinema

guang gao
propaganda

lu deng
iluminação de rua

jie dao
rua

chu zu che
taxi

xiao chi dian
quiosque

xing ren
pedestre

ren xing dao
calçada

shi zi lu kou
cruzamento

ban ma xian
faixa de pedestres

la ji xiang
lixeira

hong lü deng
semáforo

CINEMA

xiao wu

cabana

gong yu

apartamento

huo che zhan

estação de trem

shi zheng ting

prefeitura

bo wu guan

museu

xue xiao

escola

da xue

universidade

yin hang

banco

yi yuan

hospital

jiu dian

hotel

yao fang

farmácia

ban gong shi

escritório

shu dian

livraria

shang dian

loja

hua dian

floricultura

chao shi

supermercado

shi chang

mercado

bai huo shang dian

loja de departamentos

yu dian

peixaria

gou wu zhong xin

centro comercial

hai gang

porto

gong yuan

parque

chang deng

banco

qiao

ponte

lou ti

escadas

di tie

metrô

sui dao

túnel

gong jiao che zhan

ponto de ônibus

jiu ba

bar

can guan

restaurante

you tong

ixa de correspondência

lu biao

placa de rua

ting che ji shi qi

parquímetro

dong wu yuan

zoológico

you yong guan

piscina

qing zhen si

mesquita

nong chang

fazenda

wu ran

poluição

mu di

cemitério

jiao tang

igreja

cao chang

parquinho

si miao

templo

di xing
paisagem

shu ye
folha

zhi shi pai
placa de sinalização

lu
caminho

cao di
gramado

shi tou
pedra

shu
árvore

tu bu lü xing zhe
caminhantes

he
rio

cao
grama

hua
flor

xia gu

vale

shan

montanha

hu

lago

sen lin

floresta

sha mo

deserto

huo shan

vulcão

cheng bao

castelo

cai hong

arco-íris

mo gu

cogumelo

zong lü shu

palmeira

wen zi

mosquito

cang ying

mosca

ma yi

formiga

mi feng

abelha

zhi zhu

aranha

jia chong

besouro

qing wa

sapo

song shu

esquilo

ci wei

ouriço

ye tu

lebre

mao tou ying

coruja

niao

pássaro

tian e

cisne

ye zhu

javali

lu

veado

mi lu

alce

shui ba

barragem

feng li fa dian ji

aerogerador

tai yang neng dian chi ban

painel solar

qi hou

clima

fu wu yuan
garçom

cai dan
menu

yi zi
cadeira

tang
sopa

pi sa bing
pizza

can ju
talheres

zhuo bu
toalha de mesa

qian cai

entrada

zhu cai

prato principal

tian dian

sobremesa

yin liao

bebidas

shi wu

comida

ping zi

garrafa

kuai can

fastfood

jie bian xiao chi

comida de rua

cha hu

bule de chá

tang he

açucareiro

yi fen fan cai

porção

yi shi ka fei ji

máquina de expresso

gao jiao yi

cadeirão

zhang dan

conta

tuo pan

bandeja

dao

faca

can cha

garfo

shao zi

colher

cha chi

colher de chá

can jin

guardanapo

bo li bei

copo

die zi

prato

tang pan

prato de sopa

die zi

pires

jiang

molho

yan ping

saleiro

hu jiao mo

moedor de pimenta

cu

vinagre

shi yong you

óleo

tiao wei liao

especiarias

fan qie jiang

ketchup

jie mo

mostarda

dan huang jiang

maionese

te jia
oferta especial

gu ke
cliente

ru zhi pin
laticínios

shui guo
frutas

gou wu che
carrinho de compras

rou pu

açougue

mian bao fang

padaria

cheng zhong

pesar

shu cai

legumes

rou

carne

leng dong shi pin

congelados

leng pan

charcutaria

guan tou shi pin

conservas

xi yi fen

detergente em pó

tian shi

doces

ri yong pin

artigos domésticos

qing jie yong pin

produtos de limpeza

xiao shou yuan

vendedora

shou yin ji

caixa

shou yin yuan

caixa

gou wu qing dan

lista de compras

kai fang shi jian

horário de funcionamento

qian bao

carteira

xin yong ka

cartão de crédito

dai zi

sacola

su liao dai

saco plástico

shui

água

guo zhi

suco

niu nai

leite

ke le

coca-cola

hong jiu

vinho

pi jiu

cerveja

jiu

álcool

ke ke

cacau

cha

chá

ka fei

café

yi shi nong suo ka fei

expresso

ka bu qi nuo

cappuccino

xiang jiao

banana

ping guo

maçã

cheng zi

laranja

xi gua

melão

ning meng

limão

hu luo bo

cenoura

da suan

alho

zhu zi

bambu

yang cong

cebola

mo gu

cogumelo

jian guo

nozes

mian tiao

macarrão

yi da li mian tiao

espaguete

mi fan

arroz

sha la

salada

shu tiao

batatas fritas

zha tu dou

batatas frias

pi sa bing

pizza

han bao bao

hambúrger

san ming zhi

sanduíche

zha zhu pai

escalope

huo tui

presunto

sa la mi

salame

xiang chang

salsicha

ji rou

galinha

kao rou

assado

yu

peixe

yan mai pian

flocos de aveia

mu zi li

granola

yu mi pian

flocos de milho

mian fen

farinha

yang jiao mian bao

croissant

mian bao juan

pãozinho

mian bao

pão

kao mian bao

torrada

bing gan

biscoitos

huang you

manteiga

ning ru

requeijão

dan gao

bolo

dan

ovo

jian dan

ovo frito

nai lao

queijo

bing ji lin

sorvete

tang

açúcar

feng mi

mel

guo jiang

geleia

qiao ke li jiang

creme de avelãs

ga li fan

curry

nong she
casa de fazenda

dao cao kun
fardo de palha

liang cang
celeiro

tian ye
campo

ma
cavalo

tuo che
reboque

ma ju
potro

tuo la ji
trator

lü
burro

gao yang
cordeiro

yang
ovelha

shan yang

cabra

nai niu

vaca

niu du

bezerro

zhu

porco

xiao zhu

leitão

gong niu

touro

e

ganso

ya

pato

xiao ji

pintinho

mu ji

galinha

gong ji

galo

shu

ratazana

mao

gato

lao shu

camundongo

niu

boi

gou

cachorro

gou wu

casinha do cachorro

hua yuan jiao shui ruan
guan

mangueira de jardim

sa shui hu

regador

chang bing da lian dao

foice

li

arado

lian dao

foice

chu tou

enxada

chang bing cao pa

forquilha

fu tou

machado

du lun shou tui che

carrinho de mão

si liao cao

manjedoura

niu nai guan

jarra de leite

ma bu dai

saco

zha lan

cerca

ma jiu

estábulo

wen shi

estufa

tu rang

solo

zhong zi

semente

fei liao

fertilizante

lian he shou ge ji

colheitadeira

shou ge

colher

shou ge

colheita

shan yao

inhame

xiao mai

trigo

da dou

soja

tu dou

batata

yu mi

milho

you cai zi

colza

guo shu

árvore frutífera

shu shu

mandioca

gu wu

cereais

yan cong
chaminé

wu ding
telhado

luo shui guan
calhas de chuva

chuang hu
janela

che ku
garagem

men ling
campainha da porta

men
porta

la ji tong
lata de lixo

xin xiang
caixa de correspondência

hua yuan
jardim

ke ting

sala de estar

yu shi

banheiro

chu fang

cozinha

wo shi

quarto de dormir

er tong fang

quarto de criança

can ting

sala de jantar

di ban

chão

qiang bi

parede

diao ding

teto

di jiao

porão

sang na

sauna

yang tai

varanda

lu tai

terraço

you yong chi

piscina

ge cao ji

cortador de grama

bei dan

lençol

chuang zhao

coberta

chuang

cama

sao zhou

vassoura

shui tong

balde

kai guan

interruptor

bi zhi
papel de parede

zhao pian
quadro

tai deng
lâmpada

ge jia
prateleira

chu gui
armário

dian shi ji
televisão

bi lu
lareira

hua
flor

dian zi
travesseiro

hua ping
vaso

sha fa
sofá

yao kong qi
controle remoto

di tan
tapete

chuang lian
cortina

can zhuo
mesa

yi zi
cadeira

yao yi
cadeira de balanço

fu shou yi
poltrona

shu

livro

tan zi

cobertor

zhuang shi pin

decoração

mu chai

lenha

dian ying

filme

gao bao zhen yin xiang

equipamento de som

yao shi

chave

bao zhi

jornal

you hua

pintura

hai bao

pôster

shou yin ji

rádio

bi ji ben

bloco de notas

xi chen qi

aspirador

xian ren zhang

cacto

la zhu

vela

bing xiang
geladeira

wei bo lu
microondas

chu fang cheng
balança de cozinha

kao mian bao ji
tostadeira

xi jie jing
detergente

kao xiang
forno

bing gui
freezer

la ji tong
lata de lixo

xi wan ji
lava-louças

chui ju

fogão

guo

panela

zhu tie guo

panela de ferro

sha guo

wok / kadai

ping di guo

frigideira

shui hu

chaleira

zheng guo

panela a vapor

kao pan

tabuleiro de forno

tao ci guo

louça

ma ke bei

caneca

wan

caçarola

kuai zi

hashi

chang bing shao

concha de sopa

chan zi

espátula

jiao ban qi

batedor

lü wang

escorredor

shai zi

peneira

mo sui ji

ralador

yan bo

almofariz

shao kao

churrasqueira

ming huo

lareira

cai ban

tábua de cortar

gan mian zhang

rolo da massa

kai ping qi

saca-rolhas

guan zi

lata

kai ping qi

abridor de latas

ge re shou tao

pegador de panela

shui cao

pia

shua zi

escova

hai mian

esponja

jiao ban ji

liquidificador

leng cang xiang

congelador

nai ping

mamadeira

shui long tou

torneira

lin yu
ducha

gong nuan she bei
aquecimento

mao jin
toalha

yu lian
cortina de chuveiro

pao mo yu
banho de espuma

yu gang
banheira

bo li bei
copo

xi yi ji
lava-roupa

shui long tou
torneira

ci zhuan
azulejos

bian hu
penico

shui cao
pia

ce suo
....
vaso sanitário

dun bian qi
....
lavabo de agachar

zuo yu qi
....
bidê

xiao bian chi
....
mictório

ce zhi
....
papel higiênico

ma tong shua
....
escova de privada

ya shua

escova de dentes

ya gao

pasta de dentes

ya xian

fio dental

xi

lavar

shou chi shi pen lin tou

ducha de mão

chong xi qi

ducha íntima

xi lian pen

bacia

ca bei shua

escova para as costas

fei zao

sabonete

mu yu lu

gel de banho

xi fa shui

xampu

fa lan rong

toalha de rosto

pai shui

escoamento

ru shuang

creme

chu chou ji

desodorante

jing zi

espelho

shou jing

espelho de mão

ti xu dao

barbeador

ti xu pao mo

espuma de barbear

xu hou shui

loção pós-barba

shu zi

pente

shua zi

escova

chui feng ji

secador de cabelo

pen fa ding xing ji

spray de cabelo

hua zhuang pin

maquiagem

chun gao

batom

zhi jia you

esmalte de unhas

hua zhuang mian

algodão

zhi jia jian

tesoura para unhas

xiang shui

perfume

xi shu bao

nécessaire

deng zi

banquinho

ji zhong cheng

balança

yu pao

roupão de banho

xiang jiao shou tao

luvas de borracha

wei sheng mian tiao

absorvente interno

wei sheng jin

absorvente íntimo

hua xue ce suo

banheiro químico

nao zhong
despertador

mao rong wan ju
boneco de pelúcia

wan ju che
carrinho de brinquedo

bo lang gu
chacoalho

wan ju wu
casa de bonecas

li wu
presente

qi qiu

balão

chuang

cama

(yang wa wa yong)ying er
che
carrinho de bebê

pu ke pai

jogo de cartas

pin tu

quebra-cabeças

man hua

revista de quadrinhos

le gao ji mu

peças de Lego

ji mu wan ju

blocos de construção

wan ju ren

figura de ação

ying er fu

macaquinho de bebê

fei pan

frisbee

chuang ling wan ju

móbile para bebé

qi pan you xi

jogo de tabuleiro

shai zi

dados

huo che mo xing

trenzinho elétrico

an fu nai zui

chupeta

ju hui

festa

hui ben

livro ilustrado

qiu

bola

yang wa wa

boneca

wan

brincar

sha keng

caixa de areia

qiu qian

balanço

wan ju

brinquedos

you xi ji

videogame

san lun che

triciclo

tai di xiong

ursinho de pelúcia

yi chu

guarda-roupa

yi fu

vestuário

wa zi

meias

chang wa

meias pelo joelho

jin shen ku

meias-calças

wei jin
cachecol

pi dai
cinto

yu san
guarda-chuva

T xu
camiseta

xue zi
botas

tuo xie
chinelos

yun dong xie
tênis

liang xie
sandálias

xie
sapatos

yu xue
botas de borracha

nei ku
roupa de baixo

xiong zhao
sutiã

bei xin
camiseta de baixo

yi fu - vestuário

45

shen ti

body

ku zi

calças

niu zai ku

jeans

duan qun

saia

nü shi chen shan

blusa

chen shan

camisa

tao tou shan

pulôver

wei yi

suéter com capuz

xi zhuang jia ke

blazer

jia ke

jaqueta

wai tao

casaco

yu yi

gabardine

tao zhuang

traje

lian yi qun

vestido

hun sha

vestido de casamento

xi zhuang

terno

shui pao

camisola

shui yi

pijama

sha li

sari

tou jin

lenço de cabeça

bao tou jin

turbante

bo ka

burca

ka fu tan

cafetã

(a la bo shi)chang pao

abaya

yong yi

maiô

nan shi yong ku

sunga

duan ku

shorts

yun dong fu

roupa de treino

wei qun

avental

shou tao

luvas

niu kou

botão

yan jing

óculos

shou lian

pulseira

xiang lian

colar

jie zhi

anel

er huan

brinco

bian mao

boné

yi jia

cabide

mao zi

chapéu

ling dai

gravata

la lian

zíper

tou kui

capacete

bei dai

suspensórios

xiao fu

uniforme escolar

zhi fu

uniforme

yi fu - vestuário

wei dou

babador

an fu nai zui

chupeta

niao bu shi

fralda

fu wu qi
servidor

wen jian gui
armário de arquivos

da yin ji
impressora

xian shi ping
monitor

zhi
papel

ban gong zhuo
escrivaninha

shu biao
mouse

wen jian jia
pasta

jian pan
teclado

fei zhi kuang
cesto de lixo

dian nao
computador

yi zi
cadeira

ka fei bei

xícara de café

ji suan qi

calculadora

yin te wang

internet

bi ji ben dian nao

laptop

xin jian

carta

xiao xi

mensagem

shou ji

celular

wang luo

rede

fu yin ji

copiadora

ruan jian

software

dian hua

telefone

cha zuo

tomada

chuan zhen ji

fax

biao ge

formulário

wen jian

documento

mai

comprar

fu qian

pagar

jiao yi

negociar

xian jin

dinheiro

mei yuan

Dólar

ou yuan

Euro

ri yuan

Yen

lu bu

rublo

rui shi fa lang

franco suíço

ren min bi

renminbi yuan

lu bi

rupia

ti kuan chu

caixa eletrônico

wai bi dui huan chu

casa de câmbio

jin

ouro

yin

prata

shi you

petróleo

neng yuan

energia

jia ge

preço

he tong

contrato

shui jin

imposto

gu piao

ação

gong zuo

trabalhar

zhi yuan

empregado

lao ban

empregador

gong chang

fábrica

shang dian

loja

jing guan
policial

xiao fang yuan
bombeiro

chu shi
cozinheiro

yi sheng
médico

fei xing yuan
piloto

yuan ding

jardineiro

mu jiang

marceneiro

cai feng

costureira

fa guan

juiz

hua xue jia

químico

yan yuan

ator

gong jiao che si ji

motorista de ônibus

chu zu che si ji

motorista de táxi

yu fu

pescador

qing jie nü gong

faxineira

wu ding gong

telhador

fu wu yuan

garçom

lie ren

caçador

hua jia

pintor

mian bao shi

padeiro

dian gong

eletricista

jian zhu gong ren

construtor

gong cheng shi

engenheiro

tu fu

açougueiro

shui guan gong

encanador

you di yuan

carteiro

shi bing

soldado

jian zhu shi

arquiteto

shou yin yuan

caixa

hua nong

florista

li fa shi

cabelereiro

shou piao yuan

condutor

ji xie shi

mecânico

chuan zhang

capitão

ya yi

dentista

ke xue jia

cientista

la bi

rabino

yi ma mu

imam

he shang

monge

mu shi

pastor

gong ju

ferramentas

tie chui
martelo

qian zi
alicate

luo si dao
chave de fenda

shou dian tong
lanterna

ban shou
chave inglesa

wa jue ji

escavadora

gong ju xiang

caixa de ferramentas

ti zi

escada de mão

ju zi

serra

ding zi

pregos

zuan ji

furadeira

xiu
consertar

chan zi
pá

kao!
Droga!

bo ji
pá de lixo

you qi tong
pote de tinta

luo si
parafusos

yue qi
instrumentos musicais

da ji yue qi
bateria

yang sheng qi
alto-falante

ji ta
guitarra

di yin ti qin
contrabaixo

xiao hao
trompete

gang qin

piano

xiao ti qin

violino

bei si

baixo

ding yin gu

timbales

gu

tambor

dian zi qin

teclado

sa ke si guan

saxofone

chang di

flauta

mai ke feng

microfone

ru kou
entrada

lao hu
tigre

long zi
gaiola

ban ma
zebra

dong wu si liao
ração animal

xiong mao
panda

dong wu

animais

da xiang

elefante

dai shu

canguru

xi niu

rinoceronte

da xing xing

gorila

xiong

urso

luo tuo

camelo

tuo niao

avestruz

shi zi

leão

hou zi

macaco

huo lie niao

flamingo

ying wu

papagaio

bei ji xiong

urso polar

qi e

pinguim

sha yu

tubarão

kong que

pavão

she

cobra

e yu

crocodilo

dong wu yuan guan li yuan

guarda do zoológico

hai bao

foca

mei zhou bao

jaguar

ai zhong ma

pônei

bao

leopardo

he ma

hipopótamo

chang jing lu

girafa

lao ying

águia

ye zhu

javali

yu

peixe

gui

tartaruga

hai xiang

morsa

hu li

raposa

ling yang

gazela

gan lan qiu
futebol americano

qi zi xing che
ciclismo

wang qiu
tênis

lan qiu
basquete

you yong
natação

quan ji
boxe

bing qiu
hóquei no gelo

ying shi zu qiu

futebol

yu mao qiu

badminton

tian jing

atletismo

shou qiu

handebol

hua xue

esqui

ma qiu

polo

tiao
pular

yong bao
abraçar

xiao
rir

zou lu
andar

chang
cantar

zuo meng
sonhar

qi dao
rezar

qin wen
beijar

shu xie
escrever

hua
desenhar

zhan shi
mostrar

tui
empurrar

gei
dar

na
tomar

you
ter

zuo
fazer

dang
ser

zhan
ficar de pé

pao
correr

la
puxar

reng
jogar

shuai dao
cair

tang
deitar

deng dai
esperar

xie dai
carregar

zuo
sentar

chuan yi
vestir

shui jiao
dormir

xing lai
despertar

kan

olhar para

ku

chorar

fu mo

acariciar

shu tou

pentear

jiao tan

falar

ming bai

entender

wen

perguntar

ting

ouvir

he

beber

chi

comer

qing li

arrumar

ai

amar

zuo fan

cozinhar

kai che

dirigir

fei

voar

hang xing

velejar

ji suan

calcular

du

ler

xue xi

aprender

gong zuo

trabalhar

jie hun

casar

feng

costurar

shua ya

escovar os dentes

sha

matar

chou yan

fumar

ji

enviar

zu mu
avó

zu fu
avô

fu qin
pai

mu qin
mãe

ying tong
bebê

nü er
filha

er zi
filho

ke ren

convidado

a yi

tia

shu shu

tio

xiong di

irmão

jie mei

irmã

qian e
testa

yan jing
olho

jian bang
ombro

shou zhi
dedo

lian
rosto

xia ba
queixo

shou
mão

ru fang
peito

tui
perna

shou bi
braço

ying tong

bebê

nan ren

homem

nü ren

mulher

nü hai

menina

nan hai

menino

tou

cabeça

bei bu

costas

du zi

barriga

du qi

umbigo

jiao zhi

dedo do pé

jiao hou gen

calcanhar

gu tou

osso

tun bu

anca

xi gai

joelho

shou zhou

cotovelo

bi zi

nariz

pi gu

nádegas

pi fu

pele

lian jia

bochecha

er duo

orelha

zui chun

lábio

zui

boca

ya chi

dente

she tou

língua

nao

cérebro

xin zang

coração

ji rou

músculo

fei

pulmão

gan zang

fígado

wei

estômago

shen zang

rins

xing jiao

relações sexuais

bi yun tao

preservativo

luan zi

óvulo

jing zi

esperma

huai yun

gravidez

yue jing

menstruação

yin dao

vagina

yin jing

pênis

mei mao

sobrancelha

tou fa

cabelo

bo zi

pescoço

yi yuan
hospital

jiu hu che
ambulância

lun yi
cadeira de rodas

gu zhe
fratura

yi sheng

médico

ji zhen shi

pronto-socorro

hu shi

enfermeira

jin ji qing kuang

emergência

hun mi

inconsciente

tong

dor

shou shang
ferimento

chu xue
hemorragia

xin zang bing fa zuo
ataque cardíaco

zhong feng
cidente vacular cerebral

guo min
alergia

ke sou
tosse

fa shao
febre

liu gan
gripe

fu xie
diarreia

tou tong
dor de cabeça

ai zheng
câncer

tang niao bing
diabetes

wai ke yi sheng
cirurgião

shou shu dao
bisturi

shou shu
operação

CT

CT

X guang

raio x

chao sheng bo

ultrassom

kou zhao

máscara

ji bing

doença

hou zhen shi

sala de espera

guai zhang

muleta

shi gao

bandeide

beng dai

ligadura

zhu she

injeção

ting zhen qi

estetoscópio

dan jia

maca

ti wen ji

termômetro

chu sheng

nascimento

chao zhong

excesso de peso

zhu ting qi

aparelho auditivo

xiao du ye

desinfetante

gan ran

infecção

bing du

vírus

ai zi bing

HIV / AIDS

yao wu

medicamento

jie zhong yi miao

vacinação

yao pian

comprimidos

yao wan

pílula

ji jiu dian hua

hamada de emergência

xue ya ji

dispositivo de medição de
pressão arterial

sheng bing/jian kang

doente / saudável

jiu ming!

Socorro!

jing bao

alarme

tu ji

assalto

gong ji

ataque

wei xian

perigo

jin ji chu kou

saída de emergência

zhao huo la!

Fogo!

mie huo qi

extintor de incêndios

yi wai

acidente

ji jiu xiang

maleta de primeiros
socorros

hu jiu xin hao

SOS

jing cha

polícia

ou zhou

Europa

bei mei zhou

América do Norte

nan mei zhou

América do Sul

fei zhou

África

ya zhou

Ásia

ao zhou

Austrália

da xi yang

Atlântico

tai ping yang

Pacífico

yin du yang

Oceano Índico

nan bing yang

Oceano Antártico

bei bing yang

Oceano Ártico

bei ji

Polo Norte

nan ji

Polo Sul

nan ji zhou

Antártica

di qiu

Terra

lu di

terra

hai

mar

dao

ilha

guo jia

nação

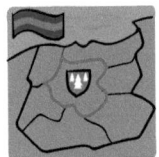

guo jia

estado

di qiu - Terra

zhong mian

mostrador do relógio

shi zhen

ponteiro das horas

fen zhen

ponteiro dos minutos

miao zhen

ponteiro dos segundos

xian zai ji dian?

Que horas são?

tian

dia

shi jian

tempo

xian zai

agora

dian zi biao

relógio digital

fen

minuto

shi

hora

zhou yi
segunda-feira

zhou er
terça-feira

zhou san
quarta-feira

zhou si
quinta-feira

zhou wu
sexta-feira

zhou liu
sábado

zhou ri
domingo

zuo tian

ontem

jin tian

hoje

ming tian

amanhã

zao chen

manhã

zhong wu

meio-dia

wan shang

entardecer

gong zuo ri

dias úteis

zhou mo

fim de semana

yu
chuva

cai hong
arco-íris

xue
neve

feng
vento

chun
primavera

qiu
outono

xia
verão

dong
inverno

tian qi yu bao

previsão do tempo

wen du ji

termômetro

yang guang

raio de sol

yun

nuvem

wu

neblina / nevoeiro

chao shi

umidade do ar

shan dian

relâmpago

da lei

trovão

feng bao

tempestade

bing bao

granizo

ji feng

monção

hong shui

inundação

bing

gelo

yi yue

janeiro

er yue

fevereiro

san yue

março

si yue

abril

wu yue

maio

liu yue

junho

qi yue

julho

ba yue

agosto

jiu yue

setembro

shi yue

outubro

shi yi yue

novembro

shi er yue

dezembro

xing zhuang
formas

yuan xing

círculo

zheng fang xing

quadrado

chang fang xing

retângulo

san jiao xing

triângulo

qiu ti

esfera

li fang ti

cubo

bai

branco

huang

amarelo

cheng

laranja

fen

rosa

hong

vermelho

zi

lilás

lan

azul

lü

verde

zong

marrom

hui

cinza

hei

preto

hen duo/shao xu

muito / pouco

sheng qi/ping jing

furioso / tranquilo

mei/chou

lindo / feio

shou/wei

começo / fim

da/xiao

grande / pequeno

ming/an

claro / escuro

xiong di/jie mei

irmão / irmã

gan jing/ang zang

limpo / sujo

wan zheng/que shi

completo / incompleto

bai tian/wan shang

dia / noite

si/sheng

morto / vivo

kuan/zhai

largo / estreito

ke shi yong/fei shi yong

comestível / não comestível

xie e/shan liang

mau / gentil

xing fen/wu liao

entusiasmado / entediado

pang/shou

gordo / magro

di yi/zui hou

primeiro / último

peng you/di ren

amigo / inimigo

man/kong

cheio / vazio

ying/ruan

duro / macio

zhong/qing

pesado / leve

e/ke

fome / sede

sheng bing/jian kang

doente / saudável

fei fa/he fa

ilegal / legal

cong ming/yu ben

inteligente / idiota

zuo/you

esquerda / direita

jin/yuan

perto / longe

xin/jiu

novo / usado

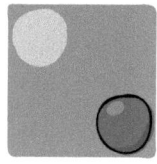

mei you/you xie

nada / alguma coisa

lao/you

velho / jovem

kai/guan

ligado / desligado

da kai/he shang

aberto / fechado

an jing/chao nao

baixo / alto

fu/qiong

rico / pobre

dui/cuo

certo / errado

cu cao/guang hua

áspero / liso

shang xin/gao xing

triste / feliz

duan/chang

curto / longo

man/kuai

lento / rápido

shi/gan

molhado / seco

wen nuan/liang shuang

ameno / fresco

zhan zheng/he ping

guerra / paz

shu zi

números

0	**1**	**2**
ling	yi	er
zero	um	dois
3	**4**	**5**
san	si	wu
três	quatro	cinco
6	**7**	**8**
liu	qi	ba
seis	sete	oito
9	**10**	**11**
jiu	shi	shi yi
nove	dez	onze

12

shi er
doze

13

shi san
treze

14

shi si
quatorze

15

shi wu
quinze

16

shi liu
dezesseis

17

shi qi
dezessete

18

shi ba
dezoito

19

shi jiu
dezenove

20

er shi
vinte

100

bai
cem

1.000

qian
mil

1.000.000

bai wan
milhão

ying yu

inglês

mei shi ying yu

inglês americano

pu tong hua

chinês mandarim

yin di yu

hindi

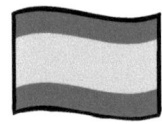

xi ban ya yu

espanhol

fa yu

francês

a la bo yu

árabe

e yu

russo

pu tao ya yu

português

feng jia la yu

bengalês

de yu

alemão

ri yu

japonês

wo
eu

ni
você

ta/ta/ta
ele / ela

wo men
nós

ni men
vocês

ta men
eles / elas

shei?
quem?

shen me?
O quê?

zen yang?
como?

na li?
onde?

shen me shi hou?
Quando?

ming zi
nome

hou mian

atrás

li mian

em

qian mian

na frente de

shang fang

sobre

shang mian

em cima

xia mian

debaixo

pang bian

do lado

zhong jian

entre

di dian

lugar